运动健康100分
YunDongJianKang100Fen

三十二式太极拳

甘泉 编著

人民体育出版社

图书在版编目（CIP）数据

三十二式太极拳 / 甘泉编著. --北京：人民体育出版社，2020
（运动健康100分）
ISBN 978-7-5009-5737-9

Ⅰ. ①三… Ⅱ. ①甘… Ⅲ. ①太极拳—基本知识 Ⅳ. ①G852.11

中国版本图书馆 CIP 数据核字（2020）第010799号

参编人员：高　翔　丁亚丽　高　飞
郭成敏　高　绅　李梦瑶

*
人民体育出版社出版发行
北京新华印刷有限公司印刷
新　华　书　店　经　销
*
880×1230　32开本　3.5印张　86千字
2020年11月第1版　2020年11月第1次印刷
印数：1—5,000册
*
ISBN 978-7-5009-5737-9
定价：35.00元

社址：北京市东城区体育馆路8号（天坛公园东门）
电话：67151482（发行部）　邮编：100061
传真：67151483　邮购：67118491
网址：www.sportspublish.cn

获2013年“体彩杯”全国武术套路锦标赛太极拳第一名

获2016年全国武术套路冠军赛陈式太极拳第一名

获2014年全国武术套路冠军赛太极拳金牌

2010年出访巴西表演太极拳

参加2013年《直通春晚·太极梅花桩》节目

在2018年中央电视台春节联欢晚会《双雄会》节目上表演太极拳

获2017年全国武术套路冠军赛太极拳金牌

与2018年中央电视台春节联欢晚会总导演杨东升合影

三十二式太极拳简介

三十二式太极拳，由国家体育总局武术运动管理中心和中国武术研究院于1997年编制，有很好的健身性和表演性，是太极拳推广的一个典范套路。

按照中国武术段位制规定，三十二式太极拳是四段位考核内容，所以又称作“四段位太极拳”。能打好三十二式太极拳，意味着已具备太极拳的中级水平。

三十二式太极拳最大的特点是综合性较强。初段位的八式、十六式、二十四式太极拳均是杨式风格的，而三十二式太极拳综合了不少其他流派太极拳的动作，如武式的“下式”“金鸡独立”，孙式的“进步搬拦捶”等，风格变化较大。

目 录

一、起势

【练法】

1. 两脚并拢，身体自然直立，两手轻贴大腿外侧；头颈端正，下颌内收，胸腹舒松，肩臂松垂，精神集中，呼吸自然。目平视前方。（图1–1）

图1–1

2. 左脚向左慢慢开步，两脚相距同肩宽，脚尖向前。（图1–2～图1–4）

图1–2

图1–3

图1–4

3. 两手臂慢慢向前平举，高与肩平，与肩同宽，手心向下。（图1–5）

图1–5

4. 两腿屈膝下蹲；同时，两掌轻轻下按至腹前，肘膝相对。（图1-6）

图1-6

【要点】

1. 左脚开步时，重心先移向右脚，左脚跟先离地，随之前脚掌再离开地面，轻轻提起全脚，高不过右踝。开步落脚时，前脚掌先着地，随之全脚掌踏实，重心落于两脚之间。这种重心转换的步法，体现了太极拳“轻起轻落，点起点落”的重要步法规律。

2. 两手臂前平举时，手起肘随，将臂举起，肘关节微屈，保持沉肩垂肘，不要掀肘耸肩。

3. 屈蹲向下按掌时，两掌要随屈蹲主动向下按落，上下协同一致。

4. 掌下按到终点（腹前）定势时，要舒指展掌，不要坐腕而向上翘指。

5. 身体下蹲时，上体要保持正直，不要凸肚凸臀、前俯后仰或向前跪膝。

二、右揽雀尾

【练法】

1. 上体微右转；右臂上抬，屈于右胸前，手心向下；左手外旋，向右划弧至右腹前，手心翻向上，与右手心相对如抱球状；重心移至右腿，左脚收于右脚内侧。（图2–1、图2–2）

图2–1

图2–2

2. 上体微左转，左脚向左前方上步，脚跟轻轻落地；随之两手微合前送。（图2–3）

图2–3

3. 上体继续左转，重心前移，成左弓步；同时，左臂向前掤出，左手与胸同高，手心向内，指尖向右；右手向下，落于右胯旁，手心向下，指尖向前，两臂微屈。（图2–4、图2–5）

图2–4

图2–5

4. 重心移向右腿并屈蹲，上体微右转，左脚稍抬起内扣，接着，重心移至左腿并屈蹲，右脚收于左脚内侧；同时，左臂内旋，屈于左胸前，左掌翻转向下，与胸同高，指尖向右；右臂外旋，右掌向左划弧至左腹前，掌心向上，指尖向左，两掌相对如抱球状。（图2-6、图2-7）

图2-6

图2-7

5. 上体微右转，右脚向右前方轻轻上步，脚跟着地；随之两手微合前送。（图2-8）

图2-8

6. 上体继续右转，重心前移，成右弓步；右臂向前掤出，右臂微屈，右掌心向内，高与胸平；左掌向左、向下落于胯旁，掌心向下。（图2-9、图2-10）

图2-9

图2-10

7. 上体微右转；右掌前伸，掌心转向下；左掌同时翻转向上，伸至右前臂左下方。（图2-11）

图2-11

8. 重心移向左腿并屈蹲，上体微左转；两掌向下后捋至腹前。（图2-12）

9. 上体右转；右臂外旋，屈肘横于胸前，右掌心向内，指尖向左；左臂内旋，左掌心翻转向外，掌指附于右腕内侧。（图2-13）

图2-12

图2-13

10. 重心前移，成右弓步；两掌同时向前挤出，两臂撑圆。（图2-14）

图2-14

11. 重心后移向左腿并屈蹲，上体微右转，右脚尖上翘；右臂外旋，右掌心翻转向上，自前向右、向后屈肘划平弧至右肩前；左掌仍附于右腕内侧，随之划弧。（图2-15）

图2-15

12. 身体左转，右脚尖内扣；右前臂内旋，右掌向左划平弧，立掌于右肩前；左掌随之翻转向内。（图2-16）

图2-16

13. 上体微右转，重心移向右腿并屈蹲，左脚收至右脚内侧，脚尖着地，成丁步； 右掌向右前按出，腕高与肩平，掌心向外；左掌指仍随之附于右腕。目视右掌方向。（图2–17）

图2–17

【要点】

1. 该动作分动较多，练时要连贯，一气呵成。

2. 要以腰为主宰，带动四肢。因轻微转腰转体次数多，所以要特别注意敛臀、尾闾中正、虚领顶劲的要求。

3. 转体移动重心时，不要左右凸胯摆臀。

三、左单鞭

【练法】

1. 右掌变勾；左掌向左划弧于面前，掌指斜向上；身体左转，左脚向左上步，脚跟着地。（图3–1、图3–2）

图3–1

图3–2

2. 上体继续左转，重心移向左腿，成左弓步；左前臂内旋，左掌翻转向前推出，掌心向前，腕同肩高。目视左掌方向。（图3–3）

图3–3

【要点】

1. 右掌变勾与转体上步要协同一致。

2. 左手向外翻掌前推时，要随转体边翻边推出，不要翻掌太快或最后突然翻掌。

3. 单鞭定势时，要保持上体中正，松腰，右肘微屈稍下垂，左肘与左膝上下相对，两肩下沉。

四、左琵琶式

【练法】

1. 重心前移至左腿，右腿跟进半步至左脚右后侧，前脚掌着地；同时，上体微左转，左掌向下、向后划弧至左胯旁，掌心向下；右勾变掌，随转体向前、向左摆至体前，掌心斜向上。（图4-1、图4-2）

图4-1

图4-2

2. 重心后移至右腿，右脚踏实；左脚稍向前迈步，脚跟着地，左膝微屈，成左虚步；同时，上体微右转，左掌由左弧形向前挑举至体前，掌指斜向前上方，指尖同鼻高，掌心向右，左臂微屈；右掌回收至左肘内下方，掌心向左，掌指稍向前上方，右臂微屈。目视左掌方向。（图4–3、图4–4）

图4–3

图4–4

【要点】

1. 跟步与向前迈步过程中，身体要平稳，不要有起伏现象。

2. 定势时，要敛臀坐胯，上体中正，不要前俯或后仰；两手臂用意内合，但不要用拙力；两腋要虚空，不要挟肘；要肘、膝相对，指尖、脚尖、鼻尖相对。

五、进步搬拦捶

【练法】

1. 左脚尖稍外摆，上体微左转，重心前移；随之右掌外旋，向上、向前伸出，掌心向上；左掌内旋向下、向右搂按，掌心向下。（图5–1）

图5–1

2. 右脚向前上步，脚尖稍外摆，上体微右转；随之左掌外旋，向前伸出，掌心翻转向上；右手内旋，向左回搂，掌心翻转向下。（图5-2 ~ 图5-4）

图5-2

图5-3

图5-4

3. 左脚向前上步，脚跟着地，上体微右转；同时，左掌内旋，掌心翻转向下，横按于体前，与胸同高；右掌变拳，收于腰间，拳心向上。（图5-5、图5-6）

图5-5

图5-6

4. 左脚踏实，重心移向左腿并屈蹲；右脚跟步至左脚右后方，前脚掌着地，上体微左转；同时，左掌回搂变拳，屈臂于胸前；右拳经左腕上向前打出，拳眼向上，左拳置右前臂下。（图5-7、图5-8）

图5-7

图5-8

【要点】

1. 练时动作要连贯，一气呵成。

2. 向前连续上步要平稳，身体不可起伏。

3. 注意力要集中在向前出拳。

4. 连续上步与连续出手，上下要协同一致。

六、如封似闭

【练法】

1. 重心后移至右腿并屈蹲，右脚踏实，左脚跟抬起；两拳变掌，手腕交叉，左掌在外，两掌心均向里。（图6–1）

2. 左脚提起向前迈步，脚跟着地；同时，两掌分开，收于胸前（与肩同宽），掌心向内，随即两前臂内旋，两掌掌心翻转向下，按落于腹前。（图6–2、图6–3）

图6–1

图6–2

图6–3

3. 重心移向左腿，屈膝成左弓步；同时，两掌向上、向前按出，掌心向前，腕高与肩平。目视前方。（图6–4）

图6–4

【要点】

1. 向前迈步、收掌下按时，要敛臀坐胯，上体保持正直，不要俯身凸臀。

2. 弓步向前按掌过程中，重心要平移，身体不要起伏。

七、搂膝拗步

【练法】

1. 重心稍后移，右腿屈膝，左脚尖上翘稍外摆，身体稍左转；同时，右掌划弧左摆；左掌划弧至左胯旁，掌心向下。（图7–1）

图7–1

2. 左脚踏实，重心移至左腿并屈蹲，右脚收至左脚内侧，上体右转；随之左掌向左、向上划弧，举至身体左前方，腕与肩同高，掌心斜向上；右手摆至左肋前，掌心向下。（图7–2、图7–3）

图7–2

图7–3

图7–3附图

3. 上体右转，右脚向右前上步，脚跟着地；左臂屈肘，左掌收至耳旁，掌心斜向前；右掌向右、向下划弧搂至腹前，掌心向下，指尖向左。（图7-4）

图7-4

图7-4附图

4. 重心移向右腿，成右弓步；左掌向前边推边坐腕立掌，指尖与鼻同高，同时，右掌由右膝前上搂过，按于右胯旁。（图7-5、图7-6）

此为“右搂膝拗步”定势。

图7-5

图7-5附图

图7-6

5. 重心后移向左腿并屈膝，右脚尖上翘，稍外摆，身体微右转；随之左掌划弧右摆，右掌稍前展。（图7-7）

图7-7

6. 上体继续右转；随之右掌划弧举至身体右前方，腕高与肩平，掌心斜向上；左掌向上、向右、向下划弧至右肋前，掌心斜向下；左脚收至右脚内侧。（图7-8）

图7-8

7. 上体左转，左脚向左前上步，脚跟着地；右臂屈肘，右掌收至耳旁，掌心斜向前；左手向下、向左划弧搂至腹前。（图7–9）

图7–9

8. 重心前移向左腿，成左弓步；右掌向前边推边立掌，指尖与鼻同高，左掌由左膝上搂过，按于左胯旁，掌心向下。目视右掌方向。（图7–10）

此为“左搂膝拗步”定势。

图7–10

【要点】

1. 向前推掌时，身体不可前俯后仰，要松腰沉胯。

2. 重心向前平移时，身体不可起伏。

3. 定势时，要沉肩垂肘、坐腕舒掌，与松腰、沉胯、弓腿，上下协调一致。

4. 搂膝拗步成弓步时，两脚跟的横向距离约同肩宽。

5. 收脚举掌时，支撑腿力小者，收脚之前脚掌可轻轻着地，否则不可着地。

八、右单鞭

【练法】

1. 重心移向右腿，右腿屈蹲，右脚外摆；左脚内扣，身体右转；同时，右掌掌心向外，经面前向右弧形运转至右侧，腕同肩高；左掌（掌心向内）经腹前弧形运至右肋前，掌心向后上方。（图8-1、图8-2）

图8-1

图8-2

2. 重心再移向左腿，左腿屈蹲，上体微左转；同时，左掌向上划弧于颏前，掌心向里；右掌向下弧形落于肋旁。接着，右脚收至左脚内侧，右脚尖点地；上体继续左转，随之左掌经面前内旋弧形运转至左侧，掌心翻转向外，腕同肩高，指尖向上；右掌向左经腹前弧形运转至左胸前，掌心向上。（图8–3、图8–4）

图8–3

图8–4

3. 上体微右转，随之右脚向右上步，脚跟着地；随转体左掌变勾，右掌向上弧形运至颏前。接着，上体微右转，重心移向右腿，右脚踏实，成右弓步；右掌内旋，掌心翻转向外，慢慢向前推出，掌心向前，指尖与鼻平齐；左臂微屈，勾尖向下，腕同肩平。目随视右掌。（图8–5～图8–7）

图8–5

图8–6

图8–7

【要点】

与“左单鞭”相同。

九、右云手

【练法】

1. 重心移向左腿并屈蹲，右脚内扣，上体左转；右掌随转体向下、向左，经腹前向上划弧至左肋前，掌心向里；左勾变掌上展，掌心斜向左前方。（图9–1）

图9–1

2. 重心移向右腿并屈蹲，上体右转，左脚收至右脚内侧（相距约10厘米），两脚踏实，重心偏右腿；同时，右掌向上，经肩、面前内旋运转至右侧，掌心翻向外，指尖向上，腕同肩高；左掌经腹前弧形运转至右肋前，掌心向上。（图9–2 ~ 图9–4）

此为第一次向右“云手”定势。

图9-2

图9-3

图9-4

3. 重心移向左腿，右脚向右开步，上体左转；随转体，左掌向上经肩、面前内旋运转至左侧，掌心翻向外，指尖向上，腕同肩高；右掌经腹前弧形运转至左肋前，掌心向后上方。（图9-5、图9-6）

图9-5

图9-6

4. 练法同分动2。（图9–7、图9–8）

图9–7

图9–8

此为第二次向右“云手”定势。

按分动3和4练法，再重复一次，为第三次向右“云手”定势。（图9–9 ~ 图9–11）

图9–9

图9–10

图9–11

【要点】

1. 向右“云手”要连续做3次，整个动作要均匀、平稳、连贯。

2. 转体以腰为轴，上体保持正直。

3. 两脚要平行向右移动。开步和并步时，脚要轻提轻落，前脚掌内侧先着地。

4. 两掌云手时，向上掌尖高不过鼻，向下掌尖低不过小腹，翻掌不可突然。

十、野马分鬃

【练法】

1. 重心移向左腿，右脚跟提起，上体微左转；左前臂内旋上掤，左掌翻转，掌心向下，掌同左胸高；右掌边外旋边向下、向左划弧至左腹前，掌心翻转向上，与左掌心相对，两手成抱球状。（图10–1）

图10–1

2. 右腿向右前方上步，脚跟先着地，接着重心前移，成右弓步；同时，上体右转，两掌随转体分别慢慢向左下、右上分开。右手腕高与肩平，掌心斜向上，肘微屈；左掌落于胯旁，肘微屈，手心向下，指尖向前。（图10–2、图10–3）

此为“右野马分鬃”定势。

图10–2

图10–3

3. 上体慢慢后坐，身体重心移至左腿并屈膝；右脚尖上翘、外摆约45度。随后，右脚慢慢踏实，右腿前弓，身体右转，重心再移向右腿；左脚随之收至右脚内侧；同时，右掌内旋掌心翻转向下，屈肘于右胸前；左掌向右、向上划弧至右腹前，与右掌心相对，两手成抱球状。（图10–4 ~ 图10–6）

图10–4

图10–5

图10–6

4. 左腿向左前方上步，脚跟先着地，接着重心前移，成左弓步；同时，上体左转，两掌随转体分别慢慢向右下、左上分开。左手腕高与肩平，掌心斜向上，肘微屈；右掌落于胯旁，肘微屈，手心向下，指尖向前。目视左手方向。（图10-7、图10-8）

此为“左野马分鬃”定势。

图10-7

图10-8

【要点】

1. 动作过程中，上体不可前俯后仰，胸部必须宽松舒展。

2. 两臂分开时，要保持弧形。身体转动时，要以腰为轴。

3. 弓步动作与分手的速度要均匀一致。弓步时，两脚跟横向距离约同肩宽。

十一、海底针

【练法】

1. 重心全部移至左腿，右脚跟进半步至左脚右后侧，上体微左转；左掌内旋，掌心翻转向下并稍下落；右掌上提至右腰前，掌心向里，指尖斜向下。（图11–1）

图11–1

2. 重心后移至右腿，右脚踏实；左脚跟提起，上体微右转；右掌弧形提至耳侧，左掌向右、向下划弧横至腹前。（图11–2、图11–3）

图11–2

图11–3

图11–3附图

3. 左脚向前稍移步，前脚掌着地，成左虚步；重心下沉于右腿，尽力屈膝坐胯；同时，上体微左转；左掌向下，弧形往左膝前上方搂至左胯旁，掌心向下，指尖向前；右掌由耳侧斜向前下方插出，掌心向左，指尖斜向下。目视右掌。（图11–4）

图11–4

【要点】

1. 动作过程中，有向左、向右、再向左3次微转身。

2. 完成姿势时，胸向正西，上体不可太前倾，避免低头与臀部外凸；左腿要屈。

十二、闪通臂

【练法】

上体微右转，左脚提起向前上步，脚跟着地，而后左腿屈膝前弓，成左弓步；同时，右手由体前上提，屈臂上举，停于右额前上方，掌心斜翻向上，拇指向下；左手上起，经胸前向前推出，与鼻同高，掌心向前。目视左手。（图12–1～图12–3）

图12–1

图12–2

图12–3

【要点】

1. 完成姿势时，上体自然正直，松腰、松胯；臂要微屈，胸部、背部要舒展。

2. 推掌、举掌和弓腿动作要协调一致。

3. 弓步时，两脚跟横向距离不超过10厘米。

十三、右揽雀尾

【练法】

1. 上体后坐并向左转，重心移向右腿，左脚尖外摆；两掌举于胸前，掌心均向下。接着，左脚踏实，重心移至左腿并屈蹲，右脚收至左脚内侧；两臂微屈，两手左上、右下在左体前相合，成抱球状。（图13–1 ~ 图13–3）

图13–1

图13–2

图13–3

2. 右脚向右前上步，脚跟着地，随即全脚踏实，屈膝前弓，成右弓步；同时，右前臂向前上方掤出，高与肩平，掌心向里；左掌向左下落，按于左胯旁，掌心向下，指尖向前。（图13-4、图13-5）

图13-4

图13-5

3. 上体微右转；右掌向前伸并翻掌，掌心向前下；左掌外旋，掌心转向上，经腹前向上、向前伸至右前臂左下方。（图13-6）

图13-6

4. 上体后坐，重心移至左腿并屈蹲，上体左转；同时，两掌随转体下捋，经腹前弧形向左后捋。左掌举至身体左前方，腕高与肩平，掌心斜向上；右掌举至左胸前，掌心斜向后。（图13-7、图13-8）

图13-7

图13-8

5. 上体右转，重心前移，成右弓步；左臂屈肘，左掌向前搭附于右腕内侧，两掌同时慢慢向前挤出，高与肩平，右掌心向里，左掌心向外（前），两臂圆撑。（图13-9、图13-10）

图13-9

图13-10

6. 左掌经右腕上方伸出，两掌分开向前平展（两手相距同肩宽），掌心向下。随即，上体后坐，重心移向左腿并屈蹲，右脚尖翘起；同时，两臂屈肘，两掌收至胸前，掌心向前下方。（图13-11～图13-13）

图13-11

图13-12

图13-13

7. 重心前移成右弓步；两掌下落，经腹前向前、向上按出，两臂微屈，两腕同肩平。目视两掌方向。（图13–14、图13–15）

图13–14

图13–15

【要点】

1. 此“揽雀尾”由掤、捋、挤、按四种技法组成。

2. 分动2为“掤”。掤时，两臂前后均要保持弧形，分手、弓步、沉胯、松腰必须协调一致。

3. 分动3、4为“捋”。捋时，上体要保持中正，不可前倾、后仰或凸臀；两手臂动作要随腰的转动而运转；右脚要全脚掌着地。

4. 分动5为“挤”。向前挤时，上体要中正，松腰、敛臀，与弓步协调一致。

5. 分动6、7为“按”。按时，身体有后坐与前弓的动作，容易出现前俯、后仰、撅臀、起伏现象，所以更要注重敛臀、松腰、沉胯、上体中正。

十四、转体撇身捶

【练法】

1. 重心移向左腿并屈蹲，身体左转，右脚内扣，左脚稍外摆；同时，左掌摆至身体左侧，两掌左右平举于身体两侧，两肘微屈。（图14-1、图14-2）

图14-1

图14-2

2. 重心移至右腿并屈蹲，左脚收至右脚内侧；左手握拳，向下、向右划弧落于腹前，拳心向里，拳眼向右；右掌向左、向下经体前划弧。（图14–3、图14–4）

图14–3

图14–4

3. 左脚向左前方上步，脚跟先着地，逐渐全脚掌着地，上体左转，重心移向左腿；左拳翻转向上撇打，拳心斜向上；右掌指附于左前臂上。左脚逐渐全脚掌着地，上体继续左转，重心移向左腿，成左弓步。目视左拳。（图14–5、图14–6）

图14–5

图14–6

【要点】

1. 撇捶以肩关节为轴，臂微屈，划大弧撇拳打出。

2. 上成弓步与转腰撇捶，要协调一致。

十五、捋挤式

【练法】

1. 重心稍后移，左脚稍内扣，上体微右转；左拳变掌；右掌向右划一小平弧，随即收于左前臂内侧。（图15-1）

2. 重心前移，成左弓步，上体继续右转；右掌经左掌上方，由左向右前方划弧平抹，掌心斜向下；左掌落于右肘内侧下方，掌心斜向上。（图15-2、图15-3）

图15-1

图15-2

图15-3

3. 两掌同时向下、向后捋，左掌捋至左胯前，右掌捋至腹前；右脚收至左脚内侧。（图15-4）

图15-4

4. 右脚向右前方上步，脚跟着地；同时，左前臂内旋，右前臂外旋，两掌翻转，屈臂上捧至胸前。右掌心向里；左掌附于右腕内侧，掌心向前。（图15-5、图15-6）

图15-5

图15-6

5. 重心前移，成右弓步；两臂同时向前挤出，两臂撑圆，高与肩平。（图15-7）

此为“右捋挤式”定势。

图15-7

6. 重心后移，右脚稍内扣，上体左转；右掌翻转，向上前伸；左掌向左划一小平弧，随即收于右前臂内侧。（图15-8、图15-9）

图15-8

图15-9

7. 重心前移，成右弓步，上体继续左转；左掌经右掌上方，由右向左前方划弧平抹，掌心斜向下；右掌落于左肘内侧下方，掌心斜向上。（图15-10）

8. 两掌同时向下、向后捋，右掌捋至右胯旁，左掌捋至腹前；左脚收至右脚内侧。（图15-11）

图15-10

图15-11

9. 左脚向左前方上步，脚跟着地；同时，右前臂内旋，左前臂外旋，两掌翻转，屈臂上捧于胸前。左掌心向里，右掌附于左腕内侧。（图15-12、图15-13）

图15-12

图15-13

10. 重心前移，成左弓步；两臂同时向前挤出，两臂撑圆，高与肩平。目视前方。（图15-14）

此为“左捋挤式”定势。

图15-14

【要点】

1. 该动作由抹、捋、挤三种手法组成。其脚步、身法与前进后退、左视右视等动作都比较细腻。

2. 在动作运转中，既要连贯圆活、上下协调，又要手法清晰。如“抹掌”是手划一大斜弧，之前要在胸前先划一小平弧，这样大中小、小而大的手法体现了动作的多变，需要意念集中、身法协调配合。

十六、右拍脚

【练法】

1. 上体后坐，左脚尖上翘，稍内扣，接着重心移至左腿，左脚踏实，右脚跟抬起；同时，上体先稍右转，再稍左转；右掌向下划弧至腹前；左掌向下、向里、向左上划弧至头左前方。（图16-1～图16-3）

图16-1

图16-2

图16-3

2. 两手腕在胸前上下相搭，两掌心均向后上方；同时，左腿蹬直，右腿屈膝提起，脚尖下垂。目视右前方。（图16–4）

3. 右腿由屈到伸，右脚绷平脚面，向右前上方踢至同头高；右手拍击右脚面；左掌举至身体左前方，与头同高。目视右脚方向。（图16–5）

图16–4

图16–5

【要点】

1. 踢腿要慢，击拍要准确，单腿站立要稳固。

2. 上体保持正直，不要俯身或后仰。

十七、左分脚

【练法】

1. 右脚屈膝收回，下落至右前方，脚跟着地；同时，右臂下落与肩平，右掌心翻转向上；左掌向下，弧形收落至腹前，掌心向下。目视右掌。（图17-1、图17-2）

图17-1

图17-2

2. 重心移向右腿，右脚踏实，成右弓步，上体微左转；同时，左掌从右前臂上穿出，向左划弧抹掌至胸前；右掌向左、向下、向右划弧于右腹前。（图17-3）

图17-3

3. 上体微右转，右掌向右、向上划弧至侧平举，左掌向前下落。接着，上体微左转，右拳从上、左掌从下划弧至胸前，两腕相搭，右腕在里，左腕在外，掌心均向里；同时，左腿屈膝提起，脚尖下垂。（图17-4 ~ 图17-6）

图17-4

图17-5

图17-6

4. 左脚脚面展平，脚尖向左前方慢慢踢出，高过腰部；右掌向右、左掌向左划弧分开，掌心均向外，指尖向上，腕与肩平，两臂撑举，肘关节微屈，左臂与左腿上下相对。目视左掌。（图17–7）

图17–7

【要点】

1. 单腿独立分脚时，身体要稳定，不可前俯后仰。

2. 两手分开时，腕部要与肩齐平。

3. 分掌和分脚要协调一致。

十八、右蹬脚

【练法】

1. 左腿屈膝，左脚下落于右脚内侧踏实，身体左转，重心移至左腿；右脚跟提起；同时，两掌变拳，向下弧形合于腹前，两腕相搭，左上右下，拳心均向上。（图18-1～图18-3）

图18-1

图18-2

图18-3

2. 右腿屈膝提起，随即右脚向前发力蹬出，脚尖上勾，力达脚跟；同时，两拳向前、向上、向侧迅速展臂弹抖，力达拳背，左拳高于肩，右拳低于肩，右拳与右脚相对。目视右脚方向。（图18-4、图18-5）

图18-4

图18-5

【要点】

1. 发力蹬腿和两拳弹抖要协调一致。

2. 蹬腿、弹拳发力后，随即将劲松开，即为“松弹劲”，不可僵硬。

十九、进步栽捶

【练法】

1. 右腿借反弹力迅速屈膝，右脚前落，脚跟着地，脚尖稍外摆。接着，上体右转，重心移至右腿并屈膝，左脚收至右脚内侧（脚尖不可点地）；同时，右拳变掌，向下、向右、向上划弧上举，腕与肩同高，掌心斜向上，右臂微屈；左拳变掌，向右经面前向下划弧至右肋前，掌心斜向下。（图19–1、图19–2）

图19–1

图19–2

2. 上体左转，左脚向左上步，脚跟着地；同时，左掌向下、向左弧形落至腹前，掌心向下，指尖向右；右臂屈肘，右掌变拳收于耳侧，拳心斜向上。（图19-3）

3. 重心移向左腿，成左弓步，上体左转；左掌经左膝前上方搂至左膝外侧上方，掌心向下，指尖向前；右拳向前下方栽出，拳同腹高，力达拳面。目视右拳。（图19-4）

图19-3

图19-4

【要点】

1. 栽捶与弓步，要同时完成。

2. 定势时，上体不可前倾、低头，要松腰、沉胯。

二十、右左穿梭

【练法】

1. 重心后移至右腿并屈膝，左脚尖翘起稍外摆，上体微左转；右拳变掌，稍上举，掌与肩平；左掌稍外展。（图20–1）

2. 重心移至左腿，左脚踏实，右脚收至左脚内侧，上体微右转；左掌向上、向右划弧至左胸前；右掌向下、向左划弧至左腹前，掌心翻转向上，与左掌相对，两手成抱球状。（图20–2）

图20–1

图20–2

3. 右脚向右前上步，脚跟先着地，随之重心前移，成右弓步。上体右转；同时，右掌向上架于右额上方，掌心斜向上；左掌下落，经腹前向前立掌推出，掌心向前，指尖与鼻平齐。（图20-3、图20-4）

此为“右穿梭”定势。

图20-3

图20-4

4. 上体后坐，重心移向左腿并屈膝，右脚尖上翘，稍内扣，随即重心移至右腿并屈蹲，右脚踏实，上体微左转；两掌下落，左掌向下划弧，右掌下按。上体微右转，左脚收至右脚内侧；右掌同胸高，掌心向下；左掌同腹高，掌心翻转向上，两掌成抱球状。（图20-5、图20-6）

图20-5

图20-6

5. 左脚向左上步，脚跟先着地，随之重心前移，成左弓步，上体左转；同时，左掌向上架于左额上方，掌心斜向上；右掌下落，经腹前向前立掌推出，掌心向前。（图20–7、图20–8）

此为“左穿梭”定势。

图20–7

图20–8

【要点】

1. 上体要保持自然中正。

2. 掌上架时，不要耸肩抬肘。

3. 推掌动作要与松腰、沉胯、弓腿协同一致。

二十一、肘底捶

【练法】

1. 上体后坐，重心移至右腿并屈蹲，左脚尖上翘稍内扣。上体微右转；左掌下落与肩平，掌心翻转向上；右掌弧形收至右腰前，掌心向下。（图21–1）

图21–1

2. 左脚向后撤步，重心慢慢移至左腿并屈蹲；右脚尖上翘，右腿微屈；同时，右掌收回至腰间，掌心翻转向上，再立掌向前上劈出至面前，掌心向左，指尖斜向上，同鼻高，右臂微屈；左掌变拳，经右前臂下弧形收落至右肘下，拳眼（虎口）斜向上。目视右掌方向。（图21–2、图21–3）

图21–2

图21–3

【要点】

1. 左脚后撤，重心移至左腿，成肘底捶定势时，右脚可以向前或向后移动，来调整步法。

2. 要敛臀、松腰、沉胯，保持身体中正。

二十二、倒卷肱

【练法】

1. 上体微左转；随转体左拳变掌，掌心翻转向上，经腹前由下向左上方弧形上举于体左侧，臂微屈，掌心斜向上，腕与肩平；右掌掌心翻转向上，微前伸举，腕与肩平，掌心斜向上。（图22-1）

图22-1

2. 上体微右转，重心移至左腿，右腿屈膝，右脚提起；左臂屈肘，左掌收于耳旁。接着，右脚向后撤步，重心移向右腿并屈蹲；左脚以前脚掌为轴碾正，成左虚步；左掌向前推出，掌心斜向前，指尖斜向上，腕与肩平；右掌向下弧形收于右腰前，掌心向上。（图22-2～图22-4）

此为“左倒卷肱”定势。

图22-2

图22-2附图

图22-3

图22-4

3. 上体微右转；右掌随转体向右、向上弧形平举，腕与肩平，掌心斜向上；左掌微左前伸举，腕与左肩平。左腿屈膝提起，左脚后撤步，重心移至左腿屈蹲；右脚以前脚掌为轴碾正，成右虚步；同时，身体左转；随转体右掌弧形经右耳旁向前推出，掌心斜向前，腕与肩平；左掌弧形收于左腰前。（图22-5～图22-8）

此为“右倒卷肱”定势。

图22-5

图22-6

图22-7

图22-8

4. 上体继续微左转；左掌随转体向左、向上弧形平举，腕与肩平，掌心斜向上；右掌微右前伸举，腕与肩平。（图22-9）

5. 练法同分动2。（图22-10、图22-11）

此为“左倒卷肱”定势。

图22-9

图22-10

图22-11

【要点】

动作要连贯，撤步与推掌协同一致，转体与举掌协同一致。

二十三、右下式

【练法】

1. 上体右转，左脚尖内扣；随转体左掌弧形向下、向右落至腹前。右掌内旋，两腕相搭上提，右腕在上，左腕在下，两掌掌心均翻转向下。（图23–1）

2. 重心移向左腿并屈膝，右脚收至左脚内侧；两掌捧举于胸前。（图23–2）

图23–1

图23–2

3. 左腿屈膝全蹲，右脚提起向右仆步；两掌向上、向体侧、向下分落，两臂微屈，两掌心向下，右掌指向右，右腕同腰高；左掌指向左上方，左腕同肩高。目视右手方向。（图23-3）

图23-3

【要点】

1. 两掌臂下落，有雄鹰落地展翅之意。右前臂落于右腿内侧上方。

2. 仆步时，上体不可过分前倾，要立腰、沉胯。

二十四、金鸡独立

【练法】

左脚蹬地，上体立起，右腿屈膝前弓，成右弓步；右掌向前上举。随即，右腿踏直独立，左腿屈膝提起；同时，左掌随提膝向下、向前撩掌内旋，托于左肩前上方，掌心斜向上，指尖斜向后；右掌向下、向后弧形收至右胯旁，掌心向下，指尖向前。目视前方。（图24–1 ~ 图24–3）

图24–1

图24–2

图24-3

图24-3附图

【要点】

1. 独立提膝时，托掌与提膝要同时完成，肘膝相对，虚领顶劲，立腰身正。

2. 左掌上托与右掌下按，两掌之劲要上下对称。

二十五、左下式

【练法】

1. 左脚下落至右脚内侧，左脚尖点地；右脚尖外摆，两腿微屈，重心在右腿；同时，两手腕在胸前相搭，左腕在上，右腕在下，两掌心均向下。（图25-1）

2. 右腿屈膝全蹲，左腿向左仆步；两掌向上、向体侧、向下分落，两掌心向下。左掌指尖向左，左腕同腰高；右掌指尖向右前方，右腕同肩高。目视左掌方向。（图25-2）

图25-1

图25-1附图

图25-2

【要点】

同“右下式”。

二十六、上步七星

【练法】

1. 右腿蹬起，身体稍立起，重心移向左腿，成左弓步；左掌向前上举，腕同肩高；右掌弧形下落于胯右后侧。目视左掌方向。（图26–1）

图26–1

2. 身体立起，重心移至左腿。上体左转，右脚向前上步，脚尖点地，成右虚步；同时，左掌变拳，外旋屈肘于胸前（拳心向里）；右掌变拳，向下、向前、向上划弧举至胸前，在左拳下相搭，两拳背相贴，右拳心斜向下。（图26-2、图26-3）

图26-2

图26-3

【要点】

1. 两拳在胸前相搭，也可为两腕相交叉。

2. 两臂要撑圆，有含胸拔背之意。

二十七、退步跨虎

【练法】

1. 右脚向后撤一步，重心移于右腿并屈蹲，上体微右转；两拳变掌，向下分落，左掌至左胸前，掌心向下；右掌至右腹前，掌心向下。（图27-1）

图27-1

2. 上体后坐，上体微左转，左脚活步，脚尖点地；右掌向右上、左掌向左下弧形分开，右掌举于头右上方，掌心向外，指尖向左上方；左掌逐渐翻转向下，按于左胯侧，指尖向前。目先视右掌再视前方。（图27-2、图27-3）

图27-2

图27-2附图

图27-3

【要点】

完成动作后，两肩要平，不可耸肩；胸部要宽松，两掌臂要用意撑；虚领顶劲，敛臀坐胯，上体保持中正。

二十八、转身摆莲

【练法】

1. 上体右转，左脚提起向前落脚扣步；同时，左掌向上、向右划弧于胸前，右掌向下、向左划弧于腹前，两掌臂在体前上下相合，掌心均向下。（图28-1、图28-2）

图28-1

图28-2

2. 以两脚前脚掌为轴，身体继续右转，重心移至左腿，右脚尖着地，成右高虚步；同时，右掌从左前臂下穿过，两掌均弧形摆举至身体右前方。右掌与肩同高，指尖斜向上，掌心斜向下；左掌至右肘前，掌指向右前上方，掌心斜向下。目随视右掌。（图28–3、图28–4）

图28–3

图28–4

3. 右腿向左、向上、向前、向右弧形摆起至体前，右脚面展平稍内扣；同时，左掌、右掌依次向左在脸前轻轻拍击右脚面。目视拍脚方向。（图28-5、图28-6）

图28-5

图28-6

【要点】

转身摆腿时，支撑脚要站稳，缓起轻拍，上体保持正直。

二十九、弯弓射虎

【练法】

1. 左腿微屈站稳；上体右转，右腿屈膝下落，右脚向右前落地，脚跟着地；同时，两掌变拳，随转体向下、向右弧形举至身体右侧。右拳举于肩侧，拳心向外，高与耳平；左拳举于右肋前，拳心向下。（图29-1～图29-3）

图29-1

图29-2

图29-3

2. 重心移向右腿并屈弓，成右弓步，右脚踏实，上体左转；同时，左拳向上、向左、向前打出至与肩平，拳眼斜向上；右拳上架于右额前，拳心向外。目视左拳方向。（图29-4）

图29-4

【要点】

架打拳，两臂微内旋，有圆撑劲。

三十、左揽雀尾

【练法】

1. 重心后移至左腿并屈膝，右脚尖翘起稍外摆，上体右转；两拳变掌，左掌微向左前伸展；右掌心翻转向上，弧形落至右腰前。（图30-1）

2. 右脚踏实，重心移至右腿并屈蹲，左脚收至右脚内侧；同时，右掌向右、向上划弧至右胸前，掌心翻转向下；左掌向下、向右划弧至右腹前，两掌心相对，如抱球状。（图30-2）

图30-1

图30-2

3. 左脚向左前上步，脚跟着地，随即全脚踏实，屈膝前弓，成左弓步；同时，左前臂向左前上方掤出，高与肩平，掌心向里；右掌向右下落按于右胯旁，掌心向下，指尖向前。（图30-3、图30-4）

图30-3

图30-4

4. 上体微左转；左掌翻转，掌心向下，稍向前伸；右掌翻转，掌心向上，经腹前向上、向前划弧，伸至左前臂内侧下方。（图30-5）

图30-5

5. 上体右转，重心移向右腿并屈蹲；两掌下捋，经腹前向右后上方划弧。右掌高与肩平，掌心斜向前；左掌屈臂摆至右胸前，掌心向内。目随视右掌。（图30–6、图30–7）

图30–6

图30–7

6. 上体左转；右掌屈臂卷收，掌指贴近左腕内侧；左臂平屈胸前，掌心向内，指尖向右。（图30–8）

图30–8

7. 重心前移向左腿，成左弓步；两臂向前挤出，两臂撑圆，右掌指附于左腕内侧，高与肩平。（图30-9）

图30-9

8. 右掌经左掌上伸出；同时，左掌向左前伸出，两掌分开，与肩同宽，掌心均转向下。（图30-10、图30-11）

图30-10

图30-11

9. 上体后坐，重心移至右腿并屈蹲，左脚尖上翘；两臂屈肘，两掌收经胸前下落至腹前，掌心向前下方。（图30–12、图30–13）

10. 重心前移向左腿，成左弓步；两掌平行向上、向前按出，腕与肩平，掌心向前，指尖向上，塌腕舒掌。目视前方。（图30–14）

图30–12

图30–13

图30–14

【要点】

参见“右揽雀尾”要点，唯左右不同。

三十一、十字手

【练法】

1. 重心右移至右腿并屈蹲，右脚尖稍外摆；上体右转，左腿自然蹬直；右掌弧形摆至身体右侧，两掌左右平举于身体两侧（偏前），两肘微屈，掌心斜向前。（图31–1、图31–2）

图31–1

图31–2

2. 重心移向左腿并屈蹲，右脚尖微内扣，上体微左转；两掌向下、向内划弧，经腹前两腕相交。两掌合抱举至胸前，右掌在外，掌心均向内。（图31–3、图31–4）

图31–3

图31–4

3. 右脚内收，两脚与肩同宽，两脚脚尖向前，两膝微屈蹲，成开立步。目视前方。（图31–5）

图31–5

【要点】

在左右转换重心以及成开立步、十字抱掌过程中，上体始终保持正直，不可倾身凸臀。

三十二、收势

【练法】

1. 两臂内旋，向前伸举，两掌心翻转向下，两掌平行分开，与肩同宽。（图32-1、图32-2）

2. 两掌慢慢下落至两腿外侧，肩臂松垂，上体自然正直。（图32-3）

图32-1

图32-2

图32-3

3. 左脚收至右脚内侧，两脚并拢，脚尖向前；身体自然直立，呼吸平稳均匀。目视前方。（图32-4、图32-5）

图32-4

图32-5

【要点】

立身中正，周身舒松。